오늘 감정은 파란색입니다

이규정 시집

상상인 시선 *069*

* 본문 페이지에서 한 연이 첫 번째 행에서 시작될 때에는 〈 표기를 합니다.
* 저자의 의도에 따라 작품의 보조 동사와 합성 명사는 띄어쓰기가 달라질 수 있습니다.
* 작가의 창작 의도에 따라 표준어 및 표준문법에서 벗어나는 어휘나 표현을 허용하였습니다.

네가 없으면 생각나지 않은 길들
추억도 아픔도 어느 페이지에 있는지 모른다

시인의 말

마지막 종소리라고 울면서 유적을 남겼는지 모른다
몸이 기억하는 체험들
된서리를 맞고서야 향기가 깊어지는 국화꽃
자신의 몸으로 슬픔을 오므려놓고 울린 간절한 기도
꽃무늬로 더듬어 본 문장들
시집의 꽃향으로 스치길 바랄 뿐이다

2025년 저물어 가는 12월에
이규정

차례

1부 무한한 무중력들 다 날개라는 것

오늑	19
5분의 꼬리	20
나의 카멜레온	22
스테이플러 씨	24
위성접시	26
송끄란	28
유리가장	30
동사무소 노란 열쇠	32
닭의 문	34
순한 짐승을 따라가다	36
호박의 클라이밍	38
바람모자	40
여우자리를 향해 날아가는 화살	41
바람의 마술사	42

2부 물의 궤적은 물고기의 지느러미에서 풀려나온다

발의 설계도에는	47
물거울	48
생일이 없던 겨울	50
눈치가 있는 손	52
카펫 짜는 소녀와 연못 관리인	54
울음의 지문	56
十자 드라이버	58
가을 문소리	60
들키는 사과	62
꼬리의 힘	64
컵라면 증세	66
손이 달리는 풍경	68
버려진 스프링침대	69
달의 부화장	70

3부 이슬의 눈동자가 되기 위해

양산陽傘	75
공작나비	76
파라솔의 계절	77
쟁반 춤	78
엉킨 하늘	79
나의 대동여지도	80
내 등이 보인다	82
거룩한 굼벵이	84
빨간 목장갑	86
나의 시간여행	87
미루나무 등	88
식충食蟲	90
5월의 누淚	92
어둠을 편들고 싶다	94

4부 저녁노을에 혀를 내민 골목

호두나무 그늘	99
휘어지는 말	100
물의 분수分數	102
허풍버섯	104
산림 소작농	106
노간주나무가 있는 저녁	108
하늘 전용거울	109
복숭아 웃음	110
칼은 흉터로 기록된다	112
자막으로 빠져나온 노인	114
어떻게 알았을까	116
뻔뻔한 별들	118
저녁의 이해	119
사막을 빌려야겠다	120

해설 _ 다채로운 감각, 표면은 하나	123
김효숙(문학평론가)	

1부

무한한 무중력들 다 날개라는 것

오늬*

물고기 꼬리에 오늬
오목하게 패인 화살의 흔적
시위를 한번 당기면 과녁을 향해 날아가는 종족이다

날아가면서 지느러미가 생기고 은빛 갑주가 돋고
촉에는 눈도 생겨 장애물을 피하며 간다
모천母川을 향해 가기도 하고
표적을 새롭게 정하기도 하고
떼를 지어 날아갈 때도 있다

눈물을 사용할 줄 모르는 눈
소리도 내지 못하는 입을 가졌지만
앞이 막히면 돌아갈 줄 아는 화살이다

물이 별안간 움찔한다
그 종족 일부가 스치는 중인가 보다

---

* 화살 끝 시위에 끼도록 에어 낸 부분.

5분의 꼬리

 약속 장소가 5분 먼저 와 있다 내가 늦은 것이 아니라 순전히 5분이 먼저 가 있었다 언제 어떻게 내 왼쪽 손목에서 빠져나갔는지 모를 분침이 약속 장소에 앉아 내 손목을 험담하고 있었다

 5분 먼저 와 있던 의자가 나를 앉히려 했다 또 5분이 먼저 가 있던 나는 어디로 갔는지 보이지 않았다 5분 늦은 얼굴로 커피를 마시고 바나나를 먹고 풍선을 불었다

 이상한 5분 내가 기억하는 왼 손목은 오른손이 부도난 친구와 악수를 하고 그 왼손을 거들어 풀려난 개를 붙잡아 주고 선배의 장례식에 가서 관을 들어주고 취한 자정을 짚고 그렇게 한참 동안 울었던 기억밖에 없는데 5분에 꼬리가 생겼다

 나는 모든 일에 5분이 늦은 사람
 늦게 도착하고 늦게 탑승하고 늦게 손을 흔들고
 웃는 것도 뒤늦게 웃고
 골든타임을 늘 분실한 사람이지만

때로는 늦어서 탈선한 기차를 피하기도 하고
소나기를 피해 도착하기도 하고
5분이 늦은 나와 또 5분 늦은 그와 어차피
늦은 얼굴로 가끔 만나기도 한다
아마도 나는 태어날 때도 5분 늦게 나와
뺨을 따끔하게 맞았을 것이다
어쩌면 죽을 때도 5분이 늦어
장례식장에 안 나타날지도 모른다

아무리 정각에 도착해도 나는 늘
5분이 먼저 떠난 뒤였다

나의 카멜레온

오늘 감정은 파란색입니다
파란색 수염을 꺼내 표정 관리를 해야 해요
한눈팔다 별안간 핑크색이 나오면
피부가 부끄러워 해요
파란 표정에 파란 주름까지 완벽해야 해요
넝쿨들이 코발트블루로 꼬리 치며 유혹될 때가 있죠
그러나 오늘 감정은 파란색입니다
색을 지켜야 무죄가 돼요

별안간 하품할 때가 있네요
순간 누군가 그 하품을 먹을 수도 있겠죠
쥐도 새도 모르게 혀를 말고 숨어 있어야 해요
혀 밑엔 천적들이 웅크리고 있으니까요
가을엔 파란 감정만 가지고는 살 수가 없죠
카멜레온 씨도 곧 갈색 수염을 길러야 해요
색깔별로 불을 켜는 것을 보면
몸에 스위치가 많은가 보네요
꼬리 쪽에 스위치가 있나 봅니다
돌돌 말려 있는 롤리팝의 그 꼬리
밀짚모자 끝에서 가을을 만든 것처럼

저녁노을을 작성하고 있네요

가끔 비상금 출처가 드러날 때
꼬리를 말 때가 있네요
스위치를 이것저것 누르게 되죠
아내에겐 늘 그 롤리팝이 잘 먹히지 않네요
내겐 불 켜는 방법이 서툴거나
피부가 유독 부끄럼을 타 꼬리가 잘 잡히네요

스테이플러 씨

그는 서류들을 한 코에 제압하고 있다
바람의 두께에 따라 뒤집어질 수도 있지만
이미 꿰인 코는 염기서열을 갖는다
하얀 낱장에 뼈대를 두고 있는 얼굴들

묶인 것으로 질서가 된 몸이지만
위아래 각을 맞추는 것은 복종의 의미
자세를 낮추고 하나의 각도와 눈높이로 사열되어
제왕에 예의를 갖추듯 손발을 맞추고 있다

어떤 묶음도 첫 장 머리에서 움직이고
펄럭이는 팔과 다리를 갖게 된다.
간혹 흩어질까 묶인 것들끼리 권卷이 된다
날개를 갖고 있어도
그 손에 한 번 잡히면 그만이다

입이란 하나의 입구
무엇이 채워졌을 때
뜬구름이라도 소화하게 만든다
솜사탕과 뜬구름은 종이 한 장 차이

단정하게 정리된 그의 입에
꽉 물려서 봉투 속으로 들어가는 것을 본 적 있다

흐트러진 낱장들을 함구시키며 제압하는
따악, 그 소리
일침으로 조용히 봉할 줄 아는 그는
서류의 제왕이다

위성접시

음식 하나 담지 않은 접시다
어젯밤에는 귀뚜라미 울음소리를 담았고
오늘은 후드득
빗방울 소리 몇 접시 받아마셨다
몇 방울로 맛본 우주
잡음이 양식인 접시는 양이 늘면서 세상
귀가 되어 간다

우주 어디선가 만찬의 정담情談을
귀담고 있는 별들
은하의 끝,
아득한 그 끝에서 보글보글 끓거나 볶는 소리
고단하고 지친 광속光束
잠깐 들렀다 가는 그 가물가물한 빛이
마지막 요릿집일 것이다

날개는 새들이나 곤충들의
전유물이 아니라는 것
나무들은 흔들림만으로도 날개라는 것
별들과 별들 사이 무한한 무중력들 다 날개라는 것

지나가는 소나기를 들들 볶아도
백만 년 동안 채널을 돌려도 언제
신종의 날개가 멀리서 지지직거리며 나타날지
착륙할 그때를 기다리는 접시

나이프도 포크도 없는 공중식탁에
우두커니 놓여 있는 저 접시 오늘도
눈과 귀가 굶은 달처럼 텅 빈 채 있다

송끄란*

질 좋은 폭염은 바람이 없다

물벼락을 주고받으며 새해를 보내는 나라, 타이, 란나 왕국
그레고리력 사월 자오선 남쪽 황도 12궁, 첫 번째 별자리
태양이 양자리에 들어가는 시기다

천구 적도 교차점에 열대 몬순으로 선을 그은 땅, 몸이 먼저 물을 채집하고 싶은 더위, 꽃잎이 필 때보다 더 구겨진 얼굴들, 물그릇만 보아도 눈빛이 바뀐다

그늘도 뜨거운 시기 물그릇 하나가 기도가 되는 왕국,
태양을 이리저리 밀어내는 달팽이들, 해는 식어도 여전히 가열되는 얼굴에 누가 물을 확 끼얹으면 그것은 축복, 양동이들이 진열되고 고무호가 나열되고 물 배낭이 뛰어다니고 물이 그렇게 가로세로 달리다 보면 폭염도 염치가 있어 이따금 비 내려 더위를 추스르게 만든다

〈
깨물고 싶은 태양
밀린 더위까지 식힐 수만 있다면 나도
양동이 들고 그 축제에 뛰어들고 싶다

* 태국, 매년 4월 13일부터 15일까지 열리는 물 축제.

유리가장

아파트 건너편 유리창엔
불 꺼진 저녁과 불 켜진 저녁이 나열되어 있다
그들은 투명한 가족들을 거느리고 사는 평면의 가장들이다
각각 일조권을 배정받았다지만
새벽으로 밤으로 때 없이 출근하느라
애초부터 일조량을 탕진한 집들이다
밖을 내다볼 수 있는 안면을 갖고 있는 구조
거실 창에 붙어살다가
금 간 징후도 없이 깨져 안면에 흠이 나 있기도 하다
벽에 붙어사는 유리가족
잠시 앞집 건너보다 보면
큰 제곱미터의 삶이 가끔은 북적거리지만
불투명한 시간들로 꼭꼭 잠겨 있어
조망권이 그냥 낭비된다

유리의 가장은 유리에 맞는 지갑과
유리에 맞는 일과 통장을 꿈꾼다

세상엔 왜 어둠의 사용료가 없을까 생각할 때

불빛은 다시 나가려고 난간을 응시한다

안면이 넓어질수록 빚이 늘어나는 평수들
이자에 이자 꼬리 밟히지 않으려고 야근하느라
유리가족을 더 어둡게 만든다
도마뱀이 다급했을 땐 제 꼬리를 자르듯
꼬리가 잘려 나가지 않기 위해
 불 켜진 저녁보다 불 꺼진 저녁이 더 많이 나열되어
있다

동사무소 노란 열쇠

등·초본을 뗄 적마다 늘 따라붙는 이름, 호주
족보들이 연대를 이루고 있는 동사무소
복사기가 백지를 물고 나의 내력을 토하고 있다

먼 날 집을 나간 아버지
기억도 희미한 어느 날 하늘나라로 갔다는 뜬소문
하늘나라가 궁금했다
아무리 밟아도 밟히지 않는 꼬리
알아보려는 듯 동사무소 해바라기가
열쇠가 되어 제 몸을 하늘에 돌려보고 있다
오늘도 돌리다 엉뚱한 것들이 돌아갔나
허공에 꽂혀 있는 도서관 추녀 그늘이 돌아가 있고
플라타너스도 헐렁하게 길 위에 풀어져 있다
늘어지고 구멍 난 사이로 빛이 일직선으로 꽂혀 있다
하늘은 아직도 돌아가지 않는 붙박이
더 큰 하늘이 보이는 아득한 곳에 애드벌룬이 보인다
순간 눈동자가 그 허공에 들러붙는다
무거웠던 천지사방이 가벼워지는 그 순간
하늘 문이 어디에 있나 내가 손을 젓고 있다
손등 푸른 핏줄이 푸르르 떨며 하늘을 헤쳐보고 있다

아버지, 여기도 안 계시는군요
등·초본 뗄 적마다 따라붙는 이름
오늘도 해바라기가 하늘을 향해 제 몸을 돌려보고 있다
뒤꿈치를 들고서

닭의 문

닭장 문을 열면 닭들이 우르르 구석으로 몰린다
마치 구석이 열린 문이라는 듯
그때 사내 등 뒤쪽의 문은 민망하니
열려 있거나 닫혀 있다

저수지의 오리 떼도 누군가 돌 하나 던지면
그곳을 문으로 알고 일제히 날아오른다

닭들은 사람이 들어오는 문을 가장 두려워한다
세로와 가로 단단한 뼈를 갖고 있다
문소리만 나도 벗어나려 푸드덕거리지만
열려 있어도 도망갈 문은 보이지 않는다

사람들의 문과 닭의 문은 다르다
닭들이 나가는 문은 사람의 손
날갯죽지 잡힌 제 동료가
그 문으로 사라지는 것을 보았기 때문이다
문은 야만의 사내를 품고 있다

목장갑이 닭의 울음소리를 꽉 쥐고 있을 때

우르르
구석은 또 다른 문
죽음과 생을 뒤섞어 놓는 곳
목장갑이 쥐고 있던 닭을 놓쳤을 때
움켜쥐는 그 문을 보고 더 놀라
우르르
구석은 먼지만 날리고 있다

순한 짐승을 따라가다

화기 엄금의 탱크로리는 사나운 짐승
으르렁거리는 그 뒤를 따라가는 속도계는
자꾸 주눅이 든다
그 짐승을 따라간다는 것
맹독의 뱀을 사정거리에 두고 있다는 것
이 짐승으로부터 달아나는 일은
앞지르는 일
그럴 때마다 반대쪽에서 달려오는 속도는
또 다른 짐승
가까이 몸을 붙이면 더 크게 으르렁거리며
훅훅 열기를 내뿜다
스치는 아카시아나무도 유령으로 보인다
독극물 가득 담고 있는 저 뱃속엔
백악기 퇴적층, 무엇인가 불쑥
머리 하나 내밀 것 같은 불안
교차로 지날 땐 온갖 신호 고분고분 지키는 것을 보면
이처럼 순한 짐승도 없다
공포를 끌고 가는 육중한 그림자
그 뒤로 모든 차들이 꼬리를 내리고
길게 뒤따르는 풍경 야생의 서열을 보는 것 같다

출렁거리는 내장으로 급커브를 돌 때
유심히 온순해지는 짐승
어느 지점에 가서는 갈라질 것이다
화기 엄금의 뒤를 따라가는 동안
내 등짝엔 공포가 축축하게 젖어 있다

호박의 클라이밍

호박넝쿨이 뻗어갈 곳에 슬쩍
오르막을 헝클어 놓는다
하늘길이다

난간 오르기를 좋아하는 호박
끈 묶는 기술이 알피니스트다
넝쿨 곁에 있다 보면 카라비너 소리가 들린다
절벽을 더듬거릴 때 헛발로
하늘이 뒤집어지는 일도 있다
매일 그렇게 비박하는 호박들
난간에 발을 댈 적마다 흔들리는 하늘
절벽의 공포
앙다문 이빨
뾰족뾰족한 씨앗은 그때 생겼을 것이다

절벽에서 고리가 뚝- 하고 떨어져
야크 등에 업혀 내려왔던 삼촌
고지를 몇 미터 남겨놓고 헐떡거렸던 기억
난간에 매달린 호박에서 그 숨소리가 들린다
〈

여물어가는 호박에 귀를 대면
우물우물
공중을 씹는 소리가 들린다

바람모자

마을 입구 들어서자 장승이 보인다
간밤에 눈이 내려 하얀 모자를 쓰고 있다
한 올을 짜기 위해 얼마나 하늘을 뒤집어 봤을까
고리가 있는 올만 뽑느라
천지를 하얗게 만들어 놓고 있다
입술에도 그 보푸라기가 묻어 하얗다

살짝 기울어 쓴 모자
기울어진 곡선에 내 눈이 미끄럼을 탄다
수억 년 된 바람도 한 번씩 타며 빙글거리고 있다
곡선을 놓고 바람은 얼마나 손을 놀렸을까
장승의 귀밑머리가 반질반질하다

바람이 씌워준 모자
손으로 뭉치면 사람도 되고 단단한 덩어리도 된다
웃지 않는 너를 향해 한 방 날릴 수도 있다

눈을 들고 다니는 바람
손이 덜 간 부분이 있나 자꾸 주변을 돌고 있다
바람이 부숭부숭한 모자

여우자리를 향해 날아가는 화살

 멸종 위기 별자리만 찾아 떠도는 부족이 있다 해가 지면 모닥불이 지펴지고 흙먼지 날리는 맨발의 축제가 펼쳐진다 달의 추장 뮈릴레* 반달은 그들의 전용 카누 12월 하순 자오선 남쪽 양자리가 그들의 길목이다

 둥글게 불을 지펴놓고 춤추는 구전口傳의 밤, 불씨는 별과 별에서 옮기는 것 밤하늘에 그 불화살을 볼 때가 있다 낮보다 어둠이 더 익숙한 부족들 에리다누스** 강줄기 남서쪽 끝에 출현해 이레 만에 카누를 바꾸어 강을 건넌다

 신들도 시장기가 돌 때가 있는지 여우자리를 향해 날아가는 화살을 이따금 볼 때가 있다

 계절마다 도착시간이 다르다 한밤 불을 끄면 내 방에서도 정박해 있는 그 카누를 볼 때가 있다

* 달나라에 불을 갖다준 케냐의 전설.
** 겨울 남쪽 오리온자리 서쪽으로 길게 뻗쳐 있는 별자리.

바람의 마술사

유리창을 향해 새 한 마리가 날았다
퍽! 소리
깜짝 놀란 유리창
순간 고꾸라진 바람을 어떻게 풀었는지
별안간 날갯짓을 몇 번 하더니 사라졌다

꺾이고 부서지고 꼬여진 바람
어떻게 풀었을까

화분도 치워버린 겨울나기 유리창엔 아무것도 없다
바람도 난간도 오싹한 일

몸을 허공에 띄우려면
직선과 곡선을 마음대로 휘어잡아야 하는 일
하늘을 가지고 놀아야 뜰 수 있는 것이다
엉켜 있는 바람을 순간 어떻게 풀었을까
허공을 다시 휘어잡을 수 있는 힘 어디서 나왔을까

날개는 그것을 순간 풀어낸 것이다
〈

속도가 없으면 먹히는 법
달려드는 바람보다 더 빨라야 사는 법
어떻게 풀었을까
새로 바람을 만들어 날아간 새

날개는 바람의 마술사다

2부

물의 궤적은 물고기의 지느러미에서 풀려나온다

발의 설계도에는

발의 설계도에는 아치형이 있다
오목하게 패인 발의 구조
몸이 한쪽으로 무겁게 기울어져 있어도
중심을 잡아주는 것은 아치의 힘
외줄 타기에서도 허공에 맞는 아치를 만들어 걷는 것을 본다
예수가 물 위를 걸었다는 기록이 있다
어떤 아치였을까
구름은 어떤 아치를 갖고 허공에 떠 있을까
빙글빙글 공중을 도는 체조 선수
각도를 찾느라 얼마나 넘어져 봤을까
구름도 넘어지고 엎어진 그 속에서 찾아냈을 것이다

빙판길에서 미끄러질까
발을 오므렸다 폈다 팔을 벌리게 된다
무너지지 않는 각도를 만드느라
아치가 춤을 추는 것이다

물거울

　물을 뜨면 떠오르는 얼굴이 있다 그 얼굴을 내 얼굴에 끼얹는다 그 얼굴이 내 얼굴에 흘러내린다

　손에서 얼굴이 사라졌다 나뭇잎들이 별안간 수군거린다 모르는 얼굴들이 나타나 우수수 몸을 흔든다 나뭇잎 하나하나가 손이며 얼굴이다 그들도 하나가 되고 싶은 얼굴이 있나 물을 얼굴에 끼얹어 물방울을 매달고 있다

　나는 태어날 때 윤곽이 드러나지 않는 얼굴이었다 학년 올라갈 때마다 사진으로 증명해야 하는 얼굴 늘 새로운 얼굴을 사용했다

　그때 얼굴을 너무 많이 사용해 내 얼굴을 잘 모른다 물을 뜬 손에게 묻는다 여분이 얼마나 남아 있느냐고, 여분이 있어도 쭈그러져 있는 얼굴 그래도 그리워해주는 사람이 있을까

　가끔 누군가 아주 보고 싶을 때 나는 얼굴을 뜬다 내 얼굴에 끼얹어 흘러내리게 만든다

아침에 일어나면 수천의 물방울들 나무에 매달려 있다
누구의 얼굴들일까 대롱대롱
세상 햇살을 만들고 있다

생일이 없던 겨울

생일이 한나절인 사람은 저녁노을이 어떻게 편집되고 사라지는지 모른다 웃음이 창문이 되었을 때 햇볕을 갈아 끼워가며 녹지 않은 얼굴을 꿈꿨다

주물러서 만든 얼굴은 웃음도 빨리 녹는다 눈썹을 만들고 코를 만들고 손끝을 호호 불어가며 함께 호흡하기를 바랐던 사람

생일이 한나절인 사람이다

한나절이 지나면 눈이 사라지고 코도 사라지고 머리까지 없어져 눈물만 남는 일이다 생일을 기다리는 것은 건반 없는 풍금이며 정차하지 않는 열차를 기다리는 일이다

지난해 눈사람을 많이 만들어서일까, 눈을 굴리고 있는 사진을 보고 말을 꺼낸다 한쪽 눈이 빠져 손을 시끄럽게 했다고, 하지만 녹아서 사라지고 없어졌을 땐 손도 핼쑥해진다
〈

오래전 본 점괘의 내용에는 칠팔월 물가를 조심하라는 말이 있어, 꿈도 녹을까, 잠자리 채집도 사놓은 수영복도 한 번도 사용하지 않고 있다

생일이 단 한나절밖에 없어서

눈치가 있는 손

끓는 냄비를 만지려 할 때 손이 허둥댈 때가 있다 수건으로 잡을까 집게로 잡을까 그렇게 잡는 것이 간접화법이라면 수화는 직접화법, 손가락의 움직임에 따라 개가 앉았다 일어났다 먹이를 앞에 놓고 침을 흘리며 끙끙거리는 것을 본다

사과를 따야 할지 말아야 할지 직접화법이 통하지 않아 손도 눈치를 볼 때가 있다

오늘은 양식장에서 뱀장어를 잡았다 손이 구멍이 숭숭 뚫렸다는 것을 알았다 아무리 손을 꺾고 돌리고 조여도 빠져나가는 뱀장어 끝내 빈손이었을 때 손도 민망해 손을 몸 뒤로 슬쩍 가릴 때도 있다

송구스러워 그렇게 구부리며 정중하지만 아무것도 하지 않고 있을 땐 더 큰 구멍이 생길까, 때론 그것이 두려워 손은 늘 먼저 일어나고 먼저 떠들고 먼저 움직인다

〈

누가 약속 장소에 나타나면 손이 먼저 올라가 슬쩍 눈치채게 만든다

카펫 짜는 소녀와 연못 관리인

비 오는 날이면 연못이 들뜬다 밥그릇만 들어도 꽃을 만드는 비단잉어들

소녀는 비단잉어를 산란시키느라 손이 바쁘다 비늘 하나 돋게 만드는 데 아흐레는 노을이 물들다 간다 연못에 빗줄기가 주렁주렁 색상에 따라 손놀림이 다르다 붉은색일 땐 왼손의 엄지와 검지가 늘어진 하늘을 당긴다 허공에 실꼬리가 부슬부슬

물의 궤적은 물고기의 지느러미에서 풀려나온다 한 올 한 올 숨죽여가며 산란시키는 일은 가문에 세력이 생기는 일, 실밥 관리를 잘해야 잉어의 꼬리가 풀리지 않는다 물고기는 제 수명을 꼬리로 푼다

연못을 접었다 폈다 한 아름 안고 드나드는 관리인 푹신한 잠이 엮어져 있어, 늘 조는 자물통이 걸려 있다

연못 초입에 풀어놓았던 물고기, 졸음을 뚫고 어느덧 아랫자리까지 내려와 물방울을 가지고 논다 비늘을 한 땀 한 땀 만들다 가끔, 손이 줄 때가 있다 팔꿈치를 엎

은 무거운 하늘 얼굴에도 눌려졌었는지 별자리가 찍혀 있을 때도 있다

 오늘은 가슴지느러미에 물결무늬를 넣는 날, 밤이면 뭇별들이 비단을 짠다 어떤 무늬로 지느러미를 짜내야 하늘을 휘젓고 다닐까 졸다가도 깜짝깜짝 손이 깬다

 늙수그레한 연못 관리인은 물고기가 행여 연못을 빠져나와
 꼬리가 풀려 사라질까
 연못을 이리저리 펴보며 다시 깁고 누비며 끝을 봉하느라 전전긍긍이다

울음의 지문

금이 간 항아리를 두드려보면 귀먹은 소리가 난다
먹먹한 소리에 눈물까지
어떤 뜬구름도 넣을 수 없다
감주를 담갔을 때
애간장을 태워도 삭혀지지 않는다면
뜬구름

일회용 애인도 하나의 뜬구름
작은 소리도 스스로 분해시킬 줄 몰라
토라지거나 사라지는 일
쓴 것은 삭히고 곪을 것은 버리고
독이 되는 것은 숙성시켜 향기로
거듭나게 하는 일
뜬구름을 잡는 일이며 눈물을 닦아주는 일이다

두드리면 먹먹한 귀먹은 소리
아 하면 어 하는 소리
그림으로만 숲을 보는
녹음으로 새소리를 듣는
눈이 있어도 글썽이지 못하는 일들

발효시킬 수 없는 항아리는 항아리가 아니다

항아리도 제소리가 아닐 때
눈물을 보인다

十자 드라이버

한밤 창밖을 내다보면
붉은 십자드라이버가 저리 많을까

닫힌 것도 틀어야 하고
열린 것도 틀어야 하는 十자 드라이버
가고 싶은 하늘나라
새벽이면 기도하러 가는 노모
기울어진 등뼈에 묵직한 가방
어떤 드라이버가 들어 있었을까
죄를 씻는 데 사용하고 자손을 위하는 데 사용하고
자신이 올라갈 그 드라이버까지 넣고 있다

쉽게 열려서 마땅한 것이 있고
열리지 않아서 마땅한 것이 있다
하늘을 누가 잘못 돌려놓았는지
여름내 물폭탄을 쏟고 있다
거리는 탄핵정국을 만들어 노숙하게 만들고
농작물마다 약으로 살아가고
무엇이 잘못 돌아간 것일까
〈

아무리 돌려도 열리지 않는 하늘
폐기시켜야 할 드라이버가 많다
밤이면 별의별 十자 드라이버가 다 진열되어 있다

가을 문소리

태양 볕에 불린 배가 만삭이 된 호박
두드려보니 문소리가 난다

노모는 현관문이라고 외쳤고
철거 계고장을 든 큰형은 봉창封窓 터지는 소리라 했고
막내는 뜬금없는 문이라 했다

그 문을 삶으면 어떤 맛일까
봉창은 또 어떤 김이 날까
뜬금없는 맛들

칼을 대면 무엇인가 쩍하고 열릴 것 같은 문
문고리에서 하늘 맛이 날 것 같은 기분
봉창이 터져서 금쪽같은 딸 하나 얻을 것 같은
그렇게 웃음을 줄 것 같은 현관문
우리 가족은 뜬금없는 말에 희망을 갖는다

꼭지 하나만 물고 자리를 지킨 호박
천기의 비밀을 지키느라
입도 코도 사라졌다

눈도 퇴화된 지 오래되어 마른 꼭지만 보인다

문소리가 들리는 호박
줄기 끝에서 불어난 집이다

들키는 사과

숨을 곧 거두려는 할머니
마라톤 선수 결승선에 그 숨가쁨이다

끝을 달렸던 빨간 사과
매달리다 뚝 떨어진 것일까
끝내 숨소리 들리지 않는다
하루치 어둠이 지나가고
고요해진 얼굴

장의사가 수의를 입히려 마지막
속옷 끈을 막 당기려 할 때 그때
몸이 옴찔하는 것이 아닌가

부끄러운 알몸
무엇인가 들킨 느낌
순간 하늘을 밀어낸 것이다

마지막이라 생각할 때 사과는 얼굴이 가장 붉다

하늘을 밀어낸 할머니

그 뒤로 며칠은 더 살아계셨다

봉인된 채 살고 싶었던 시간들
아무 것도 잡을 것이 없는 허공
사과는 바람이라도 매달려 봤을 것이다
빛줄기도 수없이 골라가며 당겼을 것이다

움찔했던 할머니
아삭한 사과 맛이 스쳤다

꼬리의 힘

솥에 소꼬리를 삶는다
꼬리는 흔드는 습관이 있어 탕에서도 휘휘 흔든다
지치지 않던 소의 힘 그 꼬리로 국물을 만든다

꼬리를 먹는 며칠은 등뼈 좌우대칭
악기 소리가 정말 들리지 않게 될까
중심을 잡아 주리라는 생각에 진하게 끓인다

중얼거리며 끓는 소리
소 한 마리가 빠져나오는 소리
발자국 소리가 펄펄 끓고 있는 것
소의 우직함 뜨거운 구름으로 날려 보내고
뽀얀 색으로 보글보글 보여주고 있다
시작과 끝을 꼬리로 알렸던 그 흔들림
소통의 비상구 그 꼬리를 한 숟갈 맛보게 만든다

꼬리를 삶으며 퇴화된 내 꼬리를 슬며시 만져본다
내 꼬리는 누가 먹었을까
가끔 허전하다
손사래 대신 흔들었을 꼬리

가끔 내가 몸을 활처럼 구부리고 잠들 때
　꼬리로 코를 묻고 잠들었을 그 옛날 어느 시절로 돌아가
　국물로 그 따뜻함을 느끼고 있는 것일까

　푹 고아진 꼬리는 더 이상 솥을 휘젓지 않는다
　고요하게 만드는 것도 하나의 힘
　그 맛도 걸쭉했다

컵라면 증세
-우울증

유리 식탁에서 컵라면을 먹는다
내가 스프링을 먹고 있다
구부러질 대로 구부러진 스프링의 맛
링의 탈력에 따라 얼굴 화색도 다르다
구불구불 팔다리 구분 없이 뒤엉킨 라면
머리가 어디에 꼬여 있는지 나선형으로 뻗어 있어
끝을 찾을 수가 없다

끝없이 꼬여 있는 맛
내가 꼬여 있는지 나는 모른다
컵라면이 되어 있는 동안은 우울하지가 않다
꼬일 대로 같이 꼬여 웃어주는
그렇게 치료하는 의사는 없나?
스티로폼 비닐 성분에 갇혀 있다는 것
그것은 내 취향이지 사랑이 다 뭐야
뚜껑을 덮고 종일 중얼거리는 구부러진 맛
면이 촘촘할수록 일품이지
뚜껑이 약하게 덮어져 있지만 열지도 않아
내가 나를 그렇게 가두고 있는지 나는 몰라
구부러진 스프링의 맛

〈
처음, 의사에게 우울 증세를 말하였을 때
컵라면 증세라고 첫마디 떼는 순간
킥- 웃음을 보이더군!

어떤 맛인지 먹어나 보았겠어!
치료한다고 더 구부러뜨려 놓는 말들
컵라면이 되어 내가 나에게 다시
물을 붓고 나를 끓여야 할까 봐

손이 달리는 풍경

손은 몸에서 가장 춤추고 싶은 곳
물고기를 잡으려 할 때
매번 놓치다 보면 손가락도
시력(視力)이 생겨 메기의 수염을 읽을 수 있다

선풍기를 돌리는 바람의 설계도에는
날개가 있다
바람을 만드는데 구멍 나지 않게
어긋나고 헛돌린 곳은 없는지
들뜬 바람도 소화할 수 있는지
조이고 풀면서 손을 춤추게 만든다

반가운 친구와 서서 이야기하는 동안
바닥에서 더 반갑게 흔드는 두 그림자
둥근 뭉치로 하나가 되어 악수하는 두 손
느슨했던 끈을 감았다 풀었다
궤적의 끝을 손이 풀면서 달리는 풍경
춤추고 싶은 그 손
헤어질 때 한 번 더 흔들어 본다

버려진 스프링침대

풀숲에 버려진 침대
한겨울 잠자리에서 밀려 나와
차가운 바람을 맞으며 눈꺼풀을 날리고 있다
건드리면 푹 꺼질 것 같은 잠

푹신한 쿠션은 삭아 없어지고
끈 하나에 앙상한 스프링만 있다
허물을 빠져나온 뱀의 느낌
구불구불했던 탄력
팔이나 손가락을 가끔 물기도 했던 일
날카로움 숨기고 푹신함을 주며
구름을 느끼게도 했던 몸
무진동으로 내 꼬리까지 잠들게 한 스프링
앙상한 뼈를 보이며 눈을 감고 있다

아직도 시트만 입히면 고개를 쳐들 것 같다

스프링에 감긴 저 끈 하나
뱀의 혀처럼 날름거리고 있다
아직도 죽은 것은 아니라는 듯

달의 부화장

저 달 속에는 어떤 종자가 들어있나

연못에 버들붕어 달을 가지고 논다 물방울 속에 달을 하나씩 넣고 놀고 있다 물방울을 물었다 놓았다, 콧등으로 돌리며 놀고 있다 물방울을 갖고 노는 것이 달을 부화시키는 방법

연못은 지금 부화 중이다
달이 되고 싶은 버들붕어, 그믐이 되면 시커먼 방울을 가지고 놀 때도 있다 내가 갖고 싶은 환한 달이 어디 갔느냐고 물 밖으로 훌쩍 뛰어올라 하늘을 헤쳐 볼 때도 있다

만월이 되면 세상에 가장 작은 달들이 부화될 것이다
저 연못이 달의 부화장이다

누군가에게 지느러미가 되고 싶어, 물살을 가르느라 밤새 불이 켜진 여공들을 본 적 있다 꾸벅 졸다 불량이 나오는 달도 있다 둥근 달을 바라보며 밟고 밟았던 재봉틀, 어머니 얼굴이 떠올라 만월이 되면 연못을 들뜨게

만든다

 버들붕어가 꿈꾸는 환한 달, 달이 채워지면 깨알 같은 달의 씨가 내 온라인에 다달이 들어와 나를 부화시키고 있다

3부

이슬의 눈동자가 되기 위해

양산陽傘

분꽃 유전자를 닮았다
볕의 각도에 따라 잎을 오므렸다 폈다
내 어머니 손차양도 그 줄기다
때만 되면 잎이 퍼지는 양산
한낮에 외출 나온 꽃무늬 속엔
촘촘하고 시원한 그늘의 뼈가 있어
걸음을 시들지 않게 만든다

공작나비

날개에 눈이 있다
어느 조상이 얹어 놓은 것일까
대대로 이어온 족보
날개가 끔뻑끔뻑
무슨 공작일까
고양이 눈동자 같기도 하다

어떤 풍경도 막혀 있다
눈물도
눈치도 없는 공작

급할 땐
큰 눈이 눈동자를 모으고 있어
천적도 멈칫하게 만든다
멈칫하는 순간 사라지는 공작

너도나도 신의 한 수는 있어 살아가고 있다

파라솔의 계절

파라솔은 여름꽃
폭염에 서식하는 품종이다
빨강 파랑 노랑
꽃들이 명랑하다

왠지 그늘도 꽃이라는 생각
뜨거운 볕에 몸이 늘어질 때
효능이 있어 재배된다

더위에 찌는 해수욕장이
주요 서식지

뜨거운 모래밭에 파종하면
사람들이 몰려든다
의자가 몰려오고 선글라스가 달려들어
화훼업자들은 한 번쯤 파종하고 싶은 꽃이다

폭염에 자라는 식물군
그 꽃 한 송이면
내가 싱싱해진다

쟁반 춤

머리만 까맣게 보이는 시장 골목
누가 머리 위에 밥그릇으로 탑을 만들어 걷고 있다
밥때만 되면 탑돌이다

맨홀 뚜껑과 턱 그리고 잔돌 하나까지
경문 읽듯 읽어내야 골목을 빠져나갈 수 있다
사람이 짐이며 벽이다
어떤 춤을 추어야 빠져나갈 수 있을까

엘리베이터 없는 빌딩은 수행이 아니라 고행
어깨와 어깨 발과 발이 뒤엉킨 길
하나하나 피하며 가다 보면 춤이 된다

밀리고 밀리는 시장 밥집 골목
손이 백 개라도 모자라는 정오 시간
국경선이 따로 없다

머리만 까맣게 보이는 시장 골목
저마다 넘어지지 않는 춤을 추며 걷고 있다

엉킨 하늘

두 마리 사슴이 머리를 맞대고 죽어 있다
뿔이 한데 엉켜 있는 죽음
밤새 엉킨 것을 풀어보려고
얼마나 밀고 당기며 흔들어 봤을까
꼬여 있는 머리
뒤집어도 보고 엎어도 보고 돌려도 보고
빠지지 않는 하늘
쾅 하는 순간 매달린 것이 아닌가

끝내 털이 빠지고 살이 꼬이고
뿔이 엉킨 채 죽어 있다

너와 나 밀고 당기는 일이 없었다면
힘든 일도 죽는 일도 없었을 것이다
죽어서도 등골이 팽팽하게 곡선을 보이고 있다
아직도 머리를 맞대고 밀고 당기고 있나 보다

나의 대동여지도

너는 나의 대동여지도다
너를 보면 사라진 길도 개울도
등고선이 다 보인다
눈물 났던 어린 시절
마을과 산 그리고 들녘
거미줄 같은 길들
돌 하나까지 지도가 보인다
허기를 달랬던 산딸기와 무밭
높고 낮은 그 지형이 다 읽어진다

구겨지고 접히고 바랬어도
너만 보면 떠오르는 개울둑
하나하나 넘기다 보면
내 어머니 목소리도 들린다

네가 없으면 기억나지 않는 길들
팔에 흉터를 보며 아팠던 기억들
갓 쓴 노인부터 똥장군을 졌던 그 등까지
모두 읽어진다
〈

네가 없으면 생각나지 않은 길들
추억도 아픔도 어느 페이지에 있는지 모른다
세상 어느 대백과 사전에도 없는 지도
너는 나의 대동여지도다

내 등이 보인다

몸에서 가장 먼 곳은 등
아무리 손을 뻗고 더듬어도 잘 닿지 않는다
내 몸이면서 보이지 않는 먼 곳

별안간 물건이 떨어졌을 때
등이 먼저 오싹할 때가 있다
같은 심장을 갖고 있다는 증거

점퍼를 사거나 셔츠를 살 때도 등은 생각하지 않는다
등을 진 생각
그래도 서글프지 않은 것은
한 몸이라는 생각
어떤 어둠이 밀려와도 가려주고 막아주는 뜨거움이 있다

누군가에게 무거운 것을 짊어주었을 때
등이 얼굴이 될 때가 있다

한마음으로 사는 가족들 이웃들
모두 따뜻한 등이 되어 줄 때

내 얼굴은 아니
내 등은 그때 보인다

거룩한 굼벵이

밭을 갈다 굼벵이가 보였다
몸이 C자로 굽어 있다
아직 발도 생기지 않았는데 웃고 있다
기도하다 그대로 굳어진 모습
문을 닫고 땅속에서 살아도 부족함 모르는
학자의 안색顔色이다

어떻게 마음먹어야 세상 거듭날까
오직 그 생각에만 골똘하게 몸을 돌돌 말고 있다
그들에겐 어떤 경문과 구절이 있을까
거듭나는 세상이 오면 마음껏 날아다니는 꿈
이슬만 먹고 살되
허공도 때 묻히지 말며
지나간 자리도 울음으로 닦으라는 구절이 있을 것 같다
이슬의 눈동자가 되기 위해
얼마나 마음을 비워야 할까
굼벵이는 눈 한번 끔뻑하고 깨는 데 7년이니
몸이 C자로 굳을 만하다
그 기도와 그 고요가 쟁기 날에 스친 것이다

살려고 버둥거리지도 않고 도망갈 생각도 하지 않는 매미 굼벵이
　흐트러지지 않은 기도에만 몰두하고 있는 자세
　매미의 수염이 근엄해 보였다
　나는 농사를 망쳐도 그를 슬며시 땅속에 넣어 두었다
　그리고 조심조심 걸었다
　금년에도 토양소독은 하지 않을 것이다
　빗살무늬로 갈아놓은 밭이 유난히 결이 고와 보였다

빨간 목장갑

손에서 피는 빨간 꽃
공사장에 가면 지천으로 피어 있다
꽃들이 떠든다
망치 소리를 내며 떠든다
못을 박고 땅을 파고 기둥을 세우고
꽃이 바쁘다
한 송이에 다섯 이파리
종일 오므렸다 폈다
나사를 돌리거나 바퀴를 돌릴 때
꽃도 동그라진다
뜨거운 것 차가운 것 가리지 않는 것을 보면
꽃도 씩씩하다
일할 때만 만발하는 꽃
저녁이면 망치를 놓고 쓰던 줄자도 내려놓을 때
꽃도 오므라든다

나의 시간여행

아침 뉴스에 미세먼지 입자가 안개에 묻혀 대기가 시커 멓다는 뉴스, 출근길 마스크는 반드시 쓰라는 전언이다

대기층에 미세먼지 시커멓게 들러붙어 지짐이 냄새가 난다면 오늘 바람은 꽤나 고소하겠다

코가 새까매지면 어때! 눈썹에 재가 수북이 묻으면 어때! 맛있으면 그만이지 새까매진 입을 보고 하얗게 웃은 적이 있다 메뚜기를 구워 먹고 보리를 구워 먹고 아가리가 모자라 아예 재를 뒤집어쓰기도 했던 기억

오늘 안개가 검어진다고? 아예 그 안개가 되고 싶다 숨바꼭질도 하고 싶다 검어진 얼굴로 돌아가는 시간여행이 된다면 난 당장 휴대폰이고 뭐고 다 집어던지고 싶다 시커메진 아가리에서 하얗게 보리가 피는 그 꽃이 되고 싶다

지금 매일 씻고 닦고 그렇게 사는 내가 이상하다 내가 어쩌다 아파트 상자 속에 갇혔나 몰라, 오늘도 현관문을 나오면서 내가 사는 그 상자를 뻔히 바라보았다

미루나무 등

마을 개울둑 미루나무 너덧 그루 있다 구불구불한 등지느러미
개울에 아가미를 처박고 겨울을 나고 있다

나무의 바람 소리는 모두 현악기, 알아듣지 못하는 소리로 꿈틀거리며 겨울을 나고 있다

아무도 심은 적이 없는 미루나무, 늦가을이면 뱃살을 봉긋하게 드러내놓고 개울의 귀를 빌려 세상을 엿듣고 있다

외지에서 떠돌다 명절이면 나타나 송사리 떼로 모여드는 사람들, 여전히 개울에 아가미 대고 벙긋거린다

이 마을은 미루나무가 중심, 나도 이 마을에 점액질 묻은 하나의 지느러미, 부모를 잃고 누이 역시 눈에서 지워진 것도 이 마을, 지금은 미루나무만 살아서 하늘로 꼬리를 치켜들고 있다 내가 마을 목록에서 지워져도 개울은 여전히 하늘로 물을 퍼 올리며 마을을 지킬 것이다

〈

　방금 바람을 안고 후- 욱 들어온 마을버스, 누가 내리나 꼬리를 슬쩍 쳐들며 기웃거리고 있다, 내 등을 타고 놀았던 가물가물한 기억들이 내리나

식충 食蟲

바닷물의 꼭짓점은 구름에 있고
꽁초의 꼭짓점은 당신의 입에 있다
꼭짓점을 찍을 적마다 반짝거리는 불빛
구워지는 바람의 맛
목젖까지 지지고 싶은 그 바람
언제부터 길들여졌는지
때만 되면 바람을 굽는다

당신과 나 사이의 그 맛은
바퀴가 덜컹거릴 때
비상구가 보이지 않을 때
하루가 먹구름으로 다가올 때
문틀이 맞지 않은 문일 때 아니면
내 웃음이 구겨져 있을 때
아침햇살이 그 이마에 팽팽하지 않을 때
아니면 오물을 뒤집어써도 웃음이 나올 때
그 맛은 더 반짝거린다

잃어버린 주파수를 찾을 것 같은 기분
목젖까지 지지고 싶은 그 불꽃

그렇게 끝을 달려봤던 당신
구워지는 바람의 맛
반짝거릴 적마다 파먹은 그 식충
꽁초는 내가 사육시킨 애벌레다

5월의 누淚

목련 꽃잎이 활짝 피는 봄
진눈깨비가 내려 꽃을 망가뜨려 놓았다
서로 다른 열차를 타고 달린 계절이다
꽃이 먼저 달려온 것인지 열차가 늦은 것인지
목련은 이미 두 계절의 좌판을 펼치고 있었다
하느님이 허공에 확 뿌린
성찬의 밀떡 같은 꽃잎들
진눈깨비를 막으려 우산을 쓰고 있는 길들
고요를 뒤흔드는 또 다른 진눈깨비가 내렸던 것
봄의 꽃노래가
내 혈육을 향해 찢어진 봄이 될 줄 몰랐다

그 계절에 그 꽃을 본다는 것
살을 찢는 일
내 눈 하나를 빼주어야 가질 수 있는 생명
팔다리를 잘라주고 꺾어주고
눈에서 붉은 싹 보이는 일
돌아오지 않는 사람을 기다리는 일이다

수년째 밥을 퍼 놓고 자식을 기다린다는 노모

목련꽃 피던 그늘 언덕을 바라보는 일
봄이면 눈가가 더 붉어지는 이유다
왜 집에 안 들어올까
꽃은 소리도 없이 또 지고 만다
꽃이 팔을 뻗어 허공을 저어보는 것일까
목련은 분명 그때 그 봄날을 기억해
한번 손을 쭉 뻗어 보는 것이다

어둠을 편들고 싶다

아직 유리가 꺼지지 않은 신축 원룸
어둠이 먼저 입주해 있다
두어 평 환한 내부를 들이지 못한 내부는 캄캄하다
알고 보면 도시에선 어둠도 갈 데가 마땅치 않다
건축물엔 다 환한 불빛 차지고
어둠은 으슥한 구석으로 밀려나 있다

밤이 더 화려한 도시는 별도 보이지 않는다
하늘을 망가뜨려 놓고 있다
급하게 몸 하나 숨길 어둠이 없어
자동차 바퀴 속으로 뛰어드는 동물도 있다
갈 곳도 머무를 곳도 마땅치 않은 도시의 어둠
밤새 어슬렁거리며 떠돌다 새벽이면
구석에 폐기물만 남기고 사라지는 것들을 본다

하루치 일당들이 몰려들어 밤새 불어난 쓰레기를 치운다
불어난 양에 잔업이 생겨 온라인 숫자가 늘어나
밤과 낮 잠이 바뀌어도 저녁을 편들게 만든다
〈

밤과 낮이 따로 없는 도시의 불빛
네온에 잠이 번쩍번쩍
커튼으로 가려 어둠도 만들어서 사용하고 있다

4부

저녁노을에 혀를 내민 골목

호두나무 그늘

겨울잠을 자고 일어난 호두나무
가지들을 새로 편집하느라 하늘이 울퉁불퉁하다
올해는 어떤 그늘을 개발하려는지
배열 공사가 한창이다
하늘을 이리 밀어보고 저리 틀어보고
그늘이 엉키지 않게
신축성 있는 새로운 그늘을 만드느라
새들까지 몰려들어 떠들썩하다

호두나무는 잎사귀 하나하나가 얼굴
바람이 들어있는 그늘 낮잠의 효능엔 최고다

한숨 자려고 박스 한 장 깔고 누웠다
드러누운 사람의 머리통을 보고 나무가
내가 언제 저렇게 큰 열매를 떨어뜨렸나
고개를 갸우뚱
수십 년 지난 지금도 그 고개는 그대로다

휘어지는 말

아버지는 휘어지는 말을 잘했다
얼버무리는 것도 휘는 방법 중 하나

내력이라 했다
ㄹ자로 시작한 초저녁과 ㅅ자로 끝나는 자정이면
늘 혀가 구부러져 있다
골목까지 둘둘 말고 귀가한 아버지
얼마나 마셨는지 문이 먼저 알아본다
휘어진 달까지 몰고 와 문을 두드린다
문이 열리지 않을 땐 ㅅ자가 열쇠
쿵쾅거리는 잠

슬하들은 휘어지는 말의 직역에 익숙하다
누나는 배 속에서부터 ㄹ자에 학습되어
까르르까르르 웃는 딸도 낳았다

나는 만년 꼴찌 야구팀 사이드암 투수의 시큰둥한
팬이다
쥐고 있는 손의 각도를 보면
공이 휘어져도 펜스의 방향을 읽을 수 있다

휘어지는 말에 익숙한 딸들
얼버무리는 말의 각도에 따라 급커브와 태그
사인sign 있어 휘청거리며 직구로 날려도
스윙swing으로 마무리해
가족 모두는 아웃 없는 밤을 보낸다

물의 분수分數

물에 얼음이 어는 것
물의 분수分數라 생각한다
거기까지 자신의 선을 지킨 것이다

물은 물의 식구들은 미끄러운 몸이라는 것을 알고 있었지만
물 밖 얼음을 보고 알았다

물이 한겨울 꽝꽝 어는 것
바위가 물고기가 물소리들이 견디자고
제 분수를 지키기 위해 얼굴을 밀어낸 것이다

짐승의 뼈 하나를 넣고 달이다가
다음날 보면 거기도 물의 선이 굳어 있다
뜨거운 물이 스스로 견디자고 밀어 올린 것이다
찬물과 뜨거운 물
나름의 선을 갖고 있다

스스로 선을 지키는 물이 있어 나무들은 동면에 들 수 있고

기계 내연기관은 냉각을 꿈꿀 수 있고
보일러는 겨울 분수를 조절하며 따뜻하게 돌릴 수 있는 것이다

분수를 지켜낸 물의 꼭짓점에서
쓰러질 듯 달리다 빙글빙글 돌면서 살아나는 빙판
바람을 등에 얹었다 버렸다
쓰러질 듯 머리를 헤치며 다시 중심을 잡아 살아나는
피겨스케이팅
물의 분수가 춤을 추는 것이다

허풍버섯

버섯은 그늘이 생명
그늘에서 아침도 꺼내고 저녁도 꺼내고
얼굴도 꺼낸다

얼굴형은 우산 아니면 깔때기
산호나 귀, 그물, 모양이 다양하지만
허풍은 우산형
태양을 등지기엔 그만이다

잘 등진 버섯은 웃음소리가 다르다
웃음소리가 다른 그 소리만 따서 소쿠리에 담는다

몸을 일으키는 것도 그늘
그늘이 없으면 아무리 큰 허풍도 통하지 않는다

나팔꽃은 그늘을 피하기 위해 수없이 허공을 만진다
버려진 그 그늘에 그 나무에
허풍버섯이 보일 때
그땐 까칠한 바람도 수군거린다
〈

정말 허풍일까,

물을 끓일 때
물은 더 수군거린다

산림 소작농

가을은 청설모들의 파종 시기
씨앗을 땅에 묻어두고 잊어버리는 파종법
까마득한 날에
후손들은 부농이 되는 농사법이다

산림 소작농의 지주는 청설모다

농촌지도원들은 청설모 농사법을 알아야 된다
두 볼에 씨앗을 볼록하게 물었을 때
숲은 울창하게 작성된다

털의 윤기를 보면 청설모의 풍요를 알 수 있다
그들의 생업에는
나무와 나무 건너뛰는 곡예가 있을 뿐
부채도 없고 농자금으로 손을 벌릴 일도 없고
무역 관세 협정도 없다

가을이 되면 눈코 뜰 새 없이 바쁘다
자기 몸보다 무거운 씨앗들을 물고
새벽부터 뛰어다니는 것을 보면 상머슴이다

〈
봄이 되면 청설모의 농법에
여기저기서 싹이 움트는 것을 볼 수 있다

노간주나무가 있는 저녁

 등 밑에 따뜻하게 도는 물, 귀를 대면 소용돌이치는 소리가 들린다 목련과 늙은 노간주나무와 나는 같은 등을 가진 사이, 그들도 내 집에 나타나 온기를 나누며 따뜻한 저녁을 보내고 있다

 깔아놓은 캐시미어 이불 속으로 발을 밀다 그 여울에 그만 걸리고 말았다 걸린 김에 아예 눕고 말았다

 물은 멀리서 왔고 우리 집에 와서 돌고 있다 따뜻한 물의 여울은 시든 꽃을 지나고 풀잎 줄기를 지나 굽이굽이 왔을 것이다 저녁노을에 혀를 내민 골목
 마당을 지나 내 이불 속으로 들어와 따뜻하게 등을 데워주고 있다

 분명 내일 나무들도 늦잠을 잘 것이다 온기를 느끼게 해 준 그 물은 내일 햇살이 퍼지는 시각 미닫이문을 열고 나처럼 집을 나와 먼 길을 떠날 것이다

하늘 전용거울

연못에 파란 구름이 떠 있다 가장자리엔 왜가리가 우표처럼 붙어 있고

연못에 파란 구름 걷어내지 않으면 태양은 농도를 이용해 뿔을 키워 이빨들을 불러들여 수생시대를 이룰지 모른다 뜬구름이 이미지로 터지면 오색 무지개가 우화로 터지면 몽유도원도가 펼쳐질지 모르는 일 하지만 뜰채로 그 풍경을 모두 떠낸다

연못에 파란 구름을 걷어내는 일은 하늘을 청소하는 일, 드렁허리가 몸을 휘감고 있고 바위들이 나란히 파란 셔츠를 입고 있는 풍경, 이끼는 더운 날 물속에서 입는 의복 동물의 위를 뒤집어 놓은 형상, 눅눅한 한여름을 우적우적 씹는 소리 모두 뜰채에 담는다

정오가 넘은 오후 3시 새털구름까지 다 걷어냈는지
거울엔 하늘만 보인다
낮달도 보인다
그 거울은 하늘의 전용거울이다

복숭아 웃음

개에게 친절한 것보다
나는 복숭아를 택해 기른다
웃는 복숭아를 위해 백 여리길 마다 않고 오간다
가다가 넘어가는 해를 버릴 때도 있다

꽃이 필 때 폭소가 되어 터지라고
빨간 장화를 신는다
잠 안 자는 고양이 수건을 만들어 머리에 두르고
수건이 나비가 되는 모습
그것이 내 코에 맞는 웃음이다

그런 커피를 마시며 기르고 있다

나무가 겨울잠에서 깨어나지 않으면 어쩌나
봄이면 등을 두드려 깨운다
네일 케어는 잠잘 때 해 주고

나는 복숭아를 경작하는 농부
금년은 어떤 열매가 나올까 거름을 준다
거름에 내 걸음이 들어가

둥실둥실 구름을 나르는 기분
복숭아의 맛 이때 생기나 보다

복숭아가 익어간다
입을 다물지 못하고 꽃 피었던 복숭아
이번에는 어떤 하늘 맛이 나올까
입이 딱 벌어진 복숭아 봉지 하나를 만져본다

칼은 흉터로 기록된다

여행하다 만난 한 고무나무
험한 도마를 보는 것 같다

칼은 흉터로 기록된다
기록이 빽빽해 다 읽을 수가 없다

무수히 찍히는 날에 견디다 못해
되물다 찍힌 흔적까지

작은 기록은 보이지도 않는다
진물이 마를 날이 없다
무늬가 떡이 되어 시커멓게 매달린 것도 있다

칼날이 또 언제 들어올지
식욕도 사라지게 마련

도마 위에 그 고무나무
얼마나 더 기절하며 죽어줘야 끝날까
등골이 축축하지 않은 날이 없다
〈

사람 발자국 소리가 들릴 때
그날이 가장 오싹한 날이다

자막으로 빠져나온 노인

무덤이 된 집
독거노인의 메뉴 중 하나
대문에 쌓이고 쌓인 고지서가 그 부표인 줄 몰랐다
사내들이 문에 기계톱을 대자
오래 누워 있던 사인死因이 뉴스 자막으로 빠져나온다

풀어진 뼈
사람의 무늬가 사라졌다
비닐봉지에서 울컥하고 쏟아져 나온 알약들
세상을 잡고 싶었던 문고리
누군가에게 꽃으로 다가가고 싶었던 거울
방안에 악취가 그 내력을 지우고 있다
머리맡 주전자를 흔들자 아직도
바닥을 더듬는 것 같은 숨소리가 들린다

사용했던 물품은 모두 부장품
창문에 말벗을 했던 달도 부장품이다

비녀를 꽂았던 하얀 구름
감아올리기도 하고 헹궈내기도 하고

그날의 기분에 따라 모양을 바꾸기도 했던
이젠 하늘로 풀어주고 싶다

서쪽 창문에 떠 있는 흰 구름이 유일한 문상객
문을 열고 얼굴을 가린 하얀 뭉치가
사내들 손에 마-악
문을 막 빠져나가고 있다

어떻게 알았을까

나무 밑에 떨어진 과일
뒤집어 보면 한쪽이 곯았거나 썩어 있다
아주 썩은 것일까

햇살이 만든 달달한 맛
몰려든 초파리 떼
머리채 뒤집어쓰며 빨고 있다

어떻게 알았을까

썩어야 제맛이 나는 그 맛
여섯 다리 모두 비비며 감사 기도까지
얼마나 먹고 마셨을까 몸을 가누지 못하고 있다
어제의 기억이 나지 않아 집을 못 찾는다
휘청거리는 다리
시간이 지날수록 돌아간 입과 혀 끝내
충장蟲葬의 의식을 치른다

술병을 아무리 감춰도 찾아내는 아버지
머리채 뒤집어쓴 그 초파리

집을 못 찾는다
떨어진 과일만 보면 그 머리부터 보인다

뻔뻔한 별들

달이 빚에 시달려 반쪽일 때가 있어요 평생 남의 빚으로 살고 있나 봐요 하긴 저도 낯짝이 있지 낮에 얼굴 제대로 한 번 내밀며 살 수 있겠어요 빚을 다 갚을 때까지 평생 어딘가 겉돌며 살겠죠 밤에도 몸을 늘렸다 줄였다 그림자 사이만 빠져 다니느라 불안하겠죠, 강물에 왜 몸을 안 던져 봤겠어요 그렇다고 누가 빚을 갚아주나요 계수나무 장작이라도 패서 갚을 일이지 결국, 건달이라니 그놈의 얼굴 이젠 보기도 싫어요 겉으론 얼마나 빛나요 아마 빚놀이하는 이웃이 있나 봐요 지금은 결국 빚 때문에 태양과 등지고 살죠 달도 빚을 갚으려 남몰래 하는 일이 있는지 가끔, 안 보일 때가 많아요 그래서 닐 암스트롱 씨가 직접 가봤나 봐요 물 한 모금 풀 한 포기 없나 봐요 빈털터리, 그놈의 집구석 먼지만 쌓여 있고 숨도 못 쉬겠나 봐요 감시카메라 하나 설치할 벽이 없어 공중에 달아놓고 왔나 봐요 기껏 돌 몇 개를 가지고 왔나 보군요 금쪽같은 증거지요 그것도 단서라고 돈으로 다 고리를 짓고 난리네요 남의 빚 가지고 천년만년을 견디다니! 저 수많은 빚쟁이들, 뻔뻔한 별들, 남의 것을 가지고 광내는 은행들 같네요

저녁의 이해

해가 산속으로 들어갔을 뿐인데
어둠이 활짝 열렸다

셔터들이 소나기로 쏟아지고
유리창엔 식은 태양이 만져지고
하늘엔 검은 달이 갈피를 잡느라 달리고
나는 저녁 전등 밑으로 귀가를 서두른다

문마다 고리가 있어 어둠을 닫고 연다
가족이 포도송이처럼 모여들고
옆집 여자 어두울 무렵 자물통 소리
손만 닿으면 열린다
쇠뭉치가 어쩌면 저렇게 잘 통할까

하지가 가까워진 감자
빈틈없는 어둠 속에서 여물어가고
콩나물도 어둠에 입을 열고 있다
모두 어두울수록 환해지는 일들이다

사막을 빌려야겠다

사막을 빌려야겠다는 생각을 한 후부터
눈높이와 귀의 크기가 달라졌다
평방미터 혹은 공지 운운하는 일들은 지워졌다

사막은 아무리 탈탈 털어도 모래밖에 없으므로 청빈해진다 가끔 모래가 소화시키지 못한 응달 계곡은 서둘러 처분해야 할 것이고 햇살이 있는 모래 능선은 아침과 저녁으로 나누어 쓸 예정이다

매일 흘린 노을은 이삭으로 주워
차양을 만들어 사막 한쪽 허공에 펼쳐놓을 생각이다

그 바람을 그늘로 재배할 것이다 재배된 바람으로 모래 능선을 날카롭게 벼릴 것이다 건조한 하늘의 배를 가르고 점점 높아지는 창공의 그 푸른 물결도 가를 것이다 능선들은 스스로 날카로움을 갈며 다듬어질 것이다

쉽게 무뎌지고 쉽게 예리해질 사막, 가끔 무뎌진 능선을 타고 다니며 일몰을 닦을 것이다 때마다 지나가는

구름으로 파라솔을 치고 지난날 내려앉은 하늘은 송곳니로 찔러가며 별을 만들어 지난날 도시의 기억들은 잊어볼 것이다

  낙타는 가끔 검침원처럼 느릿하게 찾아올 것이고 나는 부탁할 것이다 눈썹 몇 가닥 얻어 초승달을 등불로 걸어놓는 데 심지로 사용하겠다고, 수천 년 전에 묻혔다는 고대 도시의 유령들과 두런두런 이야기를 나누며 흐르는 류사流沙의 낚시 법에 관한 이야기도 나눌 것이다

  이 넓은 땅에서도 한 칸 가져보지 못했던 집 같은 평수들은
  까마득히 잊으면서

∞해 설

다채로운 감각, 표면은 하나

김효숙(문학평론가)

이규정 시인의 시를 읽고 있노라면 어느 조각가가 떠오른다. 이 세계의 가장 밑바닥에 있는 흙에서 예술혼을 일구어 인간의 신체에 이르기까지 생명체가 지닌 활기를 표현한 로댕이다. 느긋하고 신중하게 자연력의 도움을 받으며 서두름 없이 예술 세계를 일궜던 로댕처럼 이규정 시인에게 흙도 단지 어떤 상징성에 머물지 않는다. 인간의 손이 움직이는 양태를 따라가면서 손이 하는 일에 주목한 몇 편의 시를 보더라도 그 손이 닿(았던/)는 온갖 생명체들, 그리고 그 손이 만들어내는 사물들은 남다른 의미를 지닌다. 시인 릴케가 로댕 예술의 근본 법칙, 즉 자기 세계의 세포를 사물의 표면에서 발견한 것처럼,[1] 이규정 시인의 시 쓰기도 많은 경우 우리가 생명

---

1) 라이너 마리아 릴케, 장미영 역, 『보르프스베데 · 로댕론』(릴케 전집 10), 책세상, 2000, 163쪽.

이 없다고 여기는 자연-사물의 표면을 고유한 방식으로 포착하면서 이뤄진다.

그 미적 가치를 2000년대를 전후한 시기에 우리 시단에 일었던 표면의 시나 사물 시와는 다른 측면에서 읽을 수 있다. 조각가가 흙을 채취하고 주무르고 형상을 빚어내는 과정을 거치는 것처럼, 이규정 시인에게도 흙은 그의 시의 태반이자 재료로 기능한다. 그러면서도 그의 시에서 표면 이미지들은 단지 시간의 변화를 기호화하는 차원을 넘어 시인이 투여한 열정과 땀과 수고를 함유하는, 생동하는 움직임이다. 그래서 그의 시에는 하나의 시적 소재를 얻기 위하여 감내했을 고통·안타까움 등이 여실히 담겨 있다. 우리가 허투루 보아 넘기는 사물의 아주 미소한 부분까지 세심히 관찰하면서 다른 사람이 보지 못했거나 다루지 않았던 것을 묘사한다. 까다로워 보일 만큼의 집중력으로 미적인 순간을 발굴하여 이것을 문자로 옮기고 있다.

아주 작은 대상과, 그보다 더 협소한 어느 부위로 좁혀 현상하는 시인의 언어에서 꿈틀거리는 건 오로지 생명력이다. 사물을 곧이곧대로 사물화하는 비생명의 언어를 구사하거나, 단지 시간의 변화를 알리고자 하는 미적 표현에 머물지 않는다. 그의 시에서는, 꿈틀거리는 생명력이 모든 사물의 말단까지 이어지는데, 나무의 우듬 지나 물고기의 꼬리 같은 부분들에까지 세심하게 생명을 펌프질하는 심장을 가졌다. 사물의 표면에서 살아 움직이는 생명력을 보는 시인의 자세는, 전신에 걸쳐 근육과 혈관이 불뚝거리는 인물상을 다듬어 나가는 조각가의 그것과 크게 다르지 않다.

자신 외 모든 대상에 내재한 진지함이나 절박함·절망 등 깊은 속내까지 우리가 다 알지는 못한다. 그것은 표면에 나타난 어떤 표정들이 아니고선 알 수 없는 것이다. 그런 까닭에 어느 순간 우리의 눈앞에 나타난 어떤 표면을 그 속내를 반영하는 표정으로 읽게 된다. 이규정 시인의 첫 시집 『오늘 감정은 파란색입니다』는 바라봄의 감각이 우세한 주체가 이 세계에 편재한 사물을 관조하면서 이것이 단지 바라보기에 그치지 않는 동거의 양식임을 이야기하고 있다. 비가시적인 감정을 가시적인 파란색으로 표상한 데서 보듯이, 이면의 상태를 말해 주는 건 표면이다. 시의 화자는 감각 중 절대적 지위를 지닌 시각으로 사물의 어느 한 부분에 집중하며 냉철한 객관성을 유지한다. 바라봄의 시각 앞에 놓인 건 자연-사물이며, 이 사물들이 슬픔과 고통을 스스로 고백하는 것 같은 양상을 띤다. 그 모습과 표정을, 즉 겉면을 받아 적는 주체가 바로 시인이다.

1. 동사 같은 사물의 움직임

이 시집에서 이규정 시인은 사물시의 또 다른 가능성을 실험하고 있다. 자연물과 인공물, 얼굴·손·발바닥· 등 같은 신체의 국소 부위, 빈 접시·스프링·파라솔·목장갑 같은 도구들, 담배꽁초 등 미소한 존재를 포함한 그 무엇이든 시의 제재로 세운다. 공간과 빛이 있는 한 사물은 어디든 놓여 있으므로, 아직 시인에게 채택되지 않은 사물이라 할지라도 영영 어둠 속에만 처해 있지 않을 거라는 감을 안긴다. 그가 바라보는 사물의 윤곽을 구체적으로 묘사할 때 결정적으로 작용하는 것은 은유의 힘이다. 시집의 첫머리에 실린 「오늬」만 보더라도 그의 시 세계를 어림짐작할 수 있다.

물고기 꼬리에 오늬
오목하게 패인 화살의 흔적
시위를 한번 당기면 과녁을 향해 날아가는 종족이다

···중략···

눈물을 사용할 줄 모르는 눈
소리도 내지 못하는 입을 가졌지만

앞이 막히면 돌아갈 줄 아는 화살이다

물이 별안간 움찔한다
그 종족 일부가 스치는 중인가 보다

-「오늬」부분

   이 시는 우리가 눈여겨보지 않는 사물의 끝부분을 독특한 감각으로 살려낸다. 물고기의 꼬리와 화살의 "오늬" 간 유사성을 바탕으로 양자를 생명체의 반열에 나란히 올려놓는다. 놀랄 만한 사건도, 감동을 자아내는 에피소드도 진술함이 없이 오직 물고기 꼬리의 날렵한 움직임에 주목한다. 강인한 생명력으로 자신의 앞길을 터 나가는 물고기의 움직임을 꼬리에서 발견함으로써 물고기의 몸통에 주목하는 보편적인 시각을 부수고 있다. 물고기도 물[水]이라는 세계-내에서 때로는 홀로 때로는 군집을 이루어 민첩하게 환경에 대응한다. 이런 점들이 세계-내-존재인 인간의 현실이기도 하다는 점은 이 시집을 읽는 내내 유지된다.

   물고기의 꼬리를 화살에 비유하는 이 시를 필두로 이어지는 시편들에서도 시인은 냉정하다 할 만큼 묘사의 객관성을 유지한다. 현상적인 묘사와 동사들에서 사물의 표정과 움직임을 읽을 수 있는 시들이 시사하는 바도

이 점에 근거를 둔다. 그의 시에서 표면은 이면의 증상이 하나의 형상으로 나타난 것을 이른다. 내면의 복잡성을 표면에 나타내지 않아서이겠지만 그의 시는 그로테스크하지 않고 이미지가 선명하다. 수백·수천의 복잡한 내면이 얽혀 하나의 형상으로 나타날 때 우리는 이것을 '표면'이라 부른다. 그리고 그 표면 중에서 얼굴만큼 다양한 표정을 지닌 것이 달리 있을까. 얼굴은 가히 대표적인 감정의 저장소다.

    물을 뜨면 떠오르는 얼굴이 있다 그 얼굴을 내 얼굴에 끼얹는다 그 얼굴이 내 얼굴에 흘러내린다

    손에서 얼굴이 사라졌다 나뭇잎들이 별안간 수군거린다 모르는 얼굴들이 나타나 우수수 몸을 흔든다 나뭇잎 하나하나가 손이며 얼굴이다 그들도 하나가 되고 싶은 얼굴이 있나 물을 얼굴에 끼얹어 물방울을 매달고 있다

    …중략…

    가끔 누군가 아주 보고 싶을 때 나는 얼굴을 뜬다 내 얼굴에 끼얹어 흘러내리게 만든다
    아침에 일어나면 수천의 물방울들 나무에 매달려 있다

누구의 얼굴들일까 대롱대롱

세상 햇살을 만들고 있다

- 「물거울」 부분

   그리움의 감정을 "얼굴을 뜬다"는 표현으로 전하고 있다. 손바닥으로 물을 뜨듯이 상대의 얼굴을 뜬다는 것이다. 세안을 하려고 두 손으로 물을 떠올리는 모습은 상대의 얼굴을 고이 받드는 자세로, 그 물을 자신의 얼굴에 끼얹는 행위는 상대의 얼굴을 자신의 얼굴에 포개는 자세처럼 묘사한다. 이 같은 발상은 모든 불가능성을 가능성으로 바꿔 놓는 시인의 상상력이 아니고선 얻을 수 없는 것이다. 손 안의 소유물일 수 없는 대상을 마음으로 안아 들이는 화자에게 "물거울"은 '있으나 없는' 얼굴, 즉 그리운 사람을 언제든 되비춰 낸다.

   그러나 그리움도 깊어지면 슬픔이 되는 법. 시인은 고도의 비유로 그 슬픔을 표현하고 있다. 그리운 대상의 얼굴을 자신의 얼굴에 흘러내리게 한다는 표현 앞에서 우리는 아찔해진다. 그렇지만 이 시의 묘미는 그리움에 흠씬 젖은 화자의 감정보다, 그리움을 승화하는 방식에서 찾을 수 있다. 아침에 "수천의 물방울들"이 매달린 나무에서도 그 얼굴을 마주하면서 화자는 어제의 슬픔을 오늘의 기대로 바꿔 나간다. 화자의 얼굴은 이제 그리움에 젖어 있기만 한 얼굴이 아니며, 상대의 얼굴도 새로운 하루의 햇살이 되어 줄 얼굴로 다시 눈앞에 걸린다. 어제의 그리움은 어제의 일로 돌리고, 오늘은 다시 갱신의 아침을 맞는 날이다.

손·등·거울·꽃을 소재로 한 또 다른 사물시들에서도 시인의 감각은 유감없이 발휘된다. 위의 시에서도 우리는 물을 뜨는 손의 움직임에 주목한 바 있지만,「눈치가 있는 손」·「카펫 짜는 소녀와 연못 관리인」에 이르면 그 손의 활동이 한층 의미의 지점으로 나아간다. 손이 인간의 마음을 따라 움직인다는 가정 속에는 모름지기 수십·수백 개의 감정이 교차한다. 다음 시는 화자의 직접 경험인 듯한 상황으로부터 손이 하는 일을 말한다. 손의 움직임이야말로 마음의 반영인 점이 그것이다.

「눈치가 있는 손」은 직접화법으로 성급히 표현할 수 없는 장면에 맞닥뜨렸을 때 손이 하는 일에 주목한다. 마음은 보이지 않으나 손의 움직임은 가시적이라는 점에서 숨길 수 없는 마음의 표상이기도 하다. 아무리 신중한 사람일지라도 손의 움직임이 앞서는 한 그 마음을 숨길 수 없다는 점에서 손은 '눈치가 있는' 존재인 것이다. 여기서 손가락의 움직임이 언어가 되는 경우는 직접화법, 주체의 감정이나 마음이 자기도 모르는 사이에 손가락에 실려 나오는 경우는 간접화법으로 분류해 놓는다.

수화는 앞에 해당하며, 뜨거운 냄비를 앞에 놓고 망설일 때의 감정은 뒤에 속한다.

그밖에 사과를 따야 할지 말아야 할지 망설일 때도, "아무것도 하지 않고 있을" 때도 손은 눈치꾼처럼 분주히 움직인다는 것이다. 문제는, 어떤 이가 약속 장소에 나타났을 때다. 무엇보다 손이 먼저 올라가 반가운 마음을 노출하게 된다는 것. 그렇다면 이러한 동작이 직접화법과 무엇이 다른지를 이 시는 묻는 듯하다. 망설임도 계산도 없이 마음이 먼저 달려나가 반가움을 표시할 때 이는 수화 같은 직접화법의 효과를 낸다. 마음이 불쑥 튀어나오는 게 손가락의 움직임이어서, 민망함도 반가움도 여기에 가감 없이 실려 나온다.

「카펫 짜는 소녀와 연못 관리인」은 실재와 가상을 혼합한 상상력으로 손이 하는 일을 미학적으로 구성한 수작이다. 연못이라는 실재를 카펫의 문양으로 재현하는 소녀의 손놀림, 잠시 하던 일을 멈추게 하는 졸음, 화들짝 깨는 순간에 손이 동시에 깨어나는 일련의 동작들을 세심히 묘사한다. 비단잉어에게 줄 먹이를 손에 들고 연못에 나타난 화자는 실존재이고, 비단잉어가 있는 연못을 카펫에 짜 넣는 소녀는 시인의 상상이 조성하는 세계 속의 가공인물로 보인다. 두 인물이 만나는 장소는 연못이며, 이것을 한 장의 카펫에 옮겨놓는 수공업 노동의 주체인 소녀는 "비늘 하나 돋게 만드는 데 아흐레"가 소요되는 시간을 살면서 비단잉어의 생명력을 증명하는 자가 된다.

비 오는 날이면 연못이 들뜬다 밥그릇만 들어도 꽃을 만드는 비단잉어들

소녀는 비단잉어를 산란시키느라 손이 바쁘다 비늘 하나 돋게 만드는 데 아흐레는 노을이 물들다 간다 연못에 빗줄기가 주렁주렁 색상에 따라 손놀림이 다르다 붉은색일 땐 왼손의 엄지와 검지가 늘어진 하늘을 당긴다 허공에 실꼬리가 부슬부슬

물의 궤적은 물고기의 지느러미에서 풀려나온다 한 올 한 올 숨죽여가며 산란시키는 일은 가문에 세력이 생기는 일, 실밥 관리를 잘해야 잉어의 꼬리가 풀리지 않는다 물고기는 제 수명을 꼬리로 푼다

연못을 접었다 폈다 한 아름 안고 드나드는 관리인 푹신한 잠이 엮어져 있어, 늘 조는 자물통이 걸려 있다

연못 초입에 풀어놓았던 물고기, 졸음을 뚫고 어느덧 아

랫자리까지 내려와 물방울을 가지고 논다 비늘을 한 땀 한 땀 만들다 가끔, 손이 졸 때가 있다 팔꿈치를 얹은 무거운 하늘 얼굴에도 눌려졌었는지 별자리가 찍혀 있을 때도 있다

  오늘은 가슴지느러미에 물결무늬를 넣는 날, 밤이면 뭇별들이 비단을 짠다 어떤 무늬로 지느러미를 짜내야 하늘을 휘젓고 다닐까 졸다가도 깜짝깜짝 손이 깬다

  늙수그레한 연못 관리인은 물고기가 행여 연못을 빠져나와
  꼬리가 풀려 사라질까
  연못을 이리저리 펴보며 다시 깁고 누비며 끝을 봉하느라 전전긍긍이다
- 「카펫 짜는 소녀와 연못 관리인」 전문

그러고 보면 이 시에 카펫이라는 사물은 단 한 차례도 등장하지 않는다. 제목에서 "카펫 짜는 소녀"라 명명하는 존재는 시인의 기대가 만들어낸 것이며, 비 오는 날에 연못의 들뜬 생명력을 한 장의 카펫에 재현하는 상상을 시화한 것이라 볼 수 있다. 비단잉어의 넘치는 생명력으로 하여 행여 연못 밖으로 튀어 나가지는 않을까 전

전긍긍하며 연못 주변을 빙빙 도는 관리인의 모습이 눈앞에 선연히 걸어온다. 자신의 생명을 꼬리에 풀어놓는다는 시인의 직관대로라면 비단잉어의 움직임이란 것은 온전히 비단잉어의 생명력을 가리키는 표지일 수밖에 없다.

화자의 마음이 곧 카펫 짜는 소녀의 그것이기도 한 시현실에서 두 사람 간 분리선은 찾아보기 어렵다. 화자가 보는 것, 느끼는 것, 생각하는 것을 소녀의 손끝으로 살려내는 상상 속에서 한 편의 시가 태어난다. 연못과 카펫, 관리인과 소녀의 동일화로 잠이나 졸음에서 화들짝 깨어나는 순간의 어떤 튀어 오름의 감각을 엮어낸 이 시에서 읽을 수 있는 건 만유의 생명력과 이것을 소중히 여기는 한 사람의 지극한 마음 씀, 즉 생명에 대한 경외와 조용한 찬양이다.

한편 보이지 않는 자신의 등을 그린 「내 등이 보인다」에서 대상은 가깝고도 먼 등이다. 어쩐 일인지 시인이 자신의 등이 보인다고 적었으므로 그 내막이 궁금할 수밖에 없다. 보이지 않는다는 이유 때문에 관념 바깥으로 내몰리게 된 자신의 등을 비로소 발견하게 된 날에 화자는 비로소 등의 자격을 복권할 수 있게 되었다. "한 몸이라는 생각"에서 번번이 소외되었던 등이 "같은 심장을 갖고 있다는 증거"를 이 시는 보여준다.

지극히 가깝다는 이유로 원격화한 대상이 어디 등뿐이겠는가. 자신만 볼 수 없는 얼굴이 그러하며, 자기의 마음이되 타자의 것인 양 보이지 않는 마음도 역시 그러하다. 한마음으로 살아간다면서 정작은 가장 원격화하는 대상이 "가족들 이웃들"이라고 시인은 적는다. 애초에 멀리 있는 자와는 원격화할 여지를 둘 수조차 없으나, 가까운 사이일수록 거리 조정이 불가결한 상황이 닥친다는 점 또한 부정하기 어렵다. 보이지 않는 대상에 대한 책임과 윤리는 자기에게로 귀속될 수도, 타자에게로 향할 수도 있다. 화자가 문득 발견하게 된 등의 의미는, 가장 근접 거리에 있으면서도 근시안이 작동할 수밖에 없었던 개인의 윤리와 관련한다.

2. 반려 이미지

이규정 시인은 흙이 키워내는 것, 흙 밑에 묻힌 것을 발굴해 내는 감각으로 만유의 생명력에 착안한 시를 쓴다. 마을 한켠에 서 있는 나무 한 그루, 과일 한 알, 등이 굽은 벌레 한 마리조차 하나의 생태 우산 속에서 소중한 생명을 나누는 존재자들이다. 그래서인지 그에게 반려의 의미는 세간의 풍속을 따르지 않는 매우 사적인 경험의 소산이다. 예컨대 「동사무소 노란 열쇠」에서 시인은 족보에 기재된 이름들을 호주의 계보를 따라 읽어 내려가면서 오래전에 실종된 부친의 내력을 더듬어 볼 수 있을 뿐, 생사 불명인 아버지와는 동고동락을 할 수 없었던 것으로 보인다. 「미루나무 등」에서는 "부모를 잃고 누이 역시 눈에서 지워진" 기억을 더듬으면서, 가까운 혈육의 생사마저 알 수 없는 삶일지언정 그가 마음을 두는 대상이 있다면 다름 아닌 한 알의 열매임을 고백한다. 다음 시 「복숭아 웃음」에서 화자는 복숭아나무의 열매에서 함박웃음을 발견하며, 심지어 이 과일과 동거하고 있노라 고백한다.

> 개에게 친절한 것보다
> 나는 복숭아를 택해 기른다
> 웃는 복숭아를 위해 백 여리길 마다 않고 오간다
> 가다가 넘어가는 해를 버릴 때도 있다
>
> 꽃이 필 때 폭소가 되어 터지라고
> 빨간 장화를 신는다
> 잠 안 자는 고양이 수건을 만들어 머리에 두르고
> 수건이 나비가 되는 모습
> 그것이 내 코에 맞는 웃음이다

〈
그런 커피를 마시며 기르고 있다

나무가 겨울잠에서 깨어나지 않으면 어쩌나
봄이면 등을 두드려 깨운다
네일 케어는 잠잘 때 해 주고

나는 복숭아를 경작하는 농부
금년은 어떤 열매가 나올까 거름을 준다
거름에 내 걸음이 들어가
둥실둥실 구름을 나르는 기분
복숭아의 맛 이때 생기나 보다

복숭아가 익어간다
입을 다물지 못하고 꽃 피었던 복숭아
이번에는 어떤 하늘 맛이 나올까
입이 딱 벌어진 복숭아 봉지 하나를 만져본다
　　　　　　　　　　　　　-「복숭아 웃음」 전문

　과일나무를 양육하며 희로애락을 나누는 삶이 개를 키우는 일과 무엇이 다른지를 질문하고 있다. 한 마리의 동물과 함께하는 삶을 반려라 칭하는 현 사회이지만, 화자는 수천수만의 열매와 함께하는 삶을 반려로 여긴다. 읽어 내려가는 일만으로도 입가에 웃음이 번지는 우리로서는 시적 화자가 복숭아 열매와 동행하는 삶이 얼마나 웃음이 번지는 일의 연속인지를 짐작하기 어렵지 않다. 그는 이 나무에 거름을 주는 일을 자신의 "걸음이 들어가"는 일로 여기면서 자신의 생을 온전히 나무의 생육에 걸어놓는다. 그만큼의 헌신과 보살핌으로 웃음과 희망을 일구어 가는 자신의 이름을 당당히 "농부"라고 밝힌다. 복숭아나무에 "네일 케어"도 해주고, 겨울잠에서 깨어나라고 등도 두드려주는 그의 손끝에서 피어나는 웃음이 행복한 사람의 표상임을 우리는 금세 알아챈다.

그의 정체성이 그러하기에 다음 시 「거룩한 굼벵이」에서처럼 "밭을 갈다 굼벵이가 보"이지 않을 턱이 없다. "몸이 C자로 굽어"든 노인의 등을 보는 듯한 이 벌레를 두고 거룩하기까지 하다고 찬양하는 이유를 천천히 짚어보아야 한다. 여기에 분명 범상치 않은 세계관이 반영되어 있다. 이 세계의 가장 낮은 곳에 이른 자만이 볼 수 있는 세계가 펼쳐진다. 거듭나는 세상을 꿈꾸며 시종 기도하는 자세를 유지하는 굼벵이의 형상을 시인은 "C자"로 기호화한다. 벌레를 거룩한 반열에 두게 된 계기도 바로 이 기도하는 자세에 연유한다. 양손을 맞잡고, 머리를 조아려 가장 낮아진 자세가 되었을 때 성스러운 대상을 만날 수 있다는 기대를 가질 수 있는 것과 달리, 스스로 높아진 자는 성스러움을 자기화하는 자만에 빠져들게 된다는 의미일 테다.

3. 사회와 연결된 의식

스테이플러와 서류의 관계를 다룬 「스테이플러 씨」에서 보여주듯이 이규정의 시 세계는 많은 경우 개인과 사회, 약자와 강자의 구도에서 벌어지는 투쟁의 양식이자 생존 게임을 방불케 한다. 이는 시인의 의식이 서정적 자아에 머물지 않고 사회로 확장하는 상상력을 발휘한다는 증거다. 스테이플러를 내리눌러 서류철을 만드는 과정에 가해지는 압력과 제압, 서류철의 각도를 맞추기 위하여 행동 주체의 눈높이가 달라지는 정황을 통하여 한 사회의 구성체가 바라는 질서 만들기의 한 장면을 현상한다. "그 손에 한 번 잡히면 그만"인 구조에서는 모든 목소리를 제압하는 "제왕"적 권력이 작동하기 마련이다. 서열에 코가 꿰인 계층 구조, "따악, 그 소리"로 함구령을 내리는 구조를 풍자하면서 시인은 안정과 질서를 꾀하는 공동체가 요구하는 "복종의 의미"를 되새겨 보고 있다.

그뿐이겠는가. 시집의 어느 페이지를 펼치더라도 손에 잡힐 듯한 사물들이 편재해 있다. 그중 유리를 제재로 쓴 시를 읽기에 앞서 이런 질문을 해볼 수 있다. 조각가의 손이 하는 일과 마음이 하는 일을 과연 분리할 수 있는가. 그의 손은 자신의 마음을 따라 움직이는 것이 아니던가. 이 말은, 마음을 앞지르는 것이 손일 수 있다는 가능성을 품고 있다. 이처럼 손과 마음의 협응으로 조각가가 하나의 상을 만드는 것처럼, 이규정 시인의 시도 같은 이치를 따른다. 시인이 묘사하는 사물들을 단지 현상적이기만 하다고 단언할 수 없다는 얘기다. 그의 시에 초대되는 사물은 시인의 마음, 나아가 시적 주체의 의식과 감정을 두루 함유한다.

아파트 건너편 유리창엔
불 꺼진 저녁과 불 켜진 저녁이 나열되어 있다
그들은 투명한 가족들을 거느리고 사는 평면의 가장들이다
각각 일조권을 배정받았다지만
새벽으로 밤으로 때 없이 출근하느라
애초부터 일조량을 탕진한 집들이다

…중략…

〈
안면이 넓어질수록 빚이 늘어나는 평수들
이자에 이자 꼬리 밟히지 않으려고 야근하느라
유리가족을 더 어둡게 만든다
도마뱀이 다급했을 땐 제 꼬리를 자르듯
꼬리가 잘려 나가지 않기 위해
불 켜진 저녁보다 불 꺼진 저녁이 더 많이 나열되어 있다

-「유리가장」부분

현대 도시의 주거 공간인 아파트, 더 좁히면 아파트의 유리창을 제재로 가족 단위에서 발생하는 현실적 어려움과 가장의 애환을 그리고 있다. 빛을 머금은 유리와 어둠을 머금은 유리의 대비로 환유하는 것은 여기서도 인간 삶의 문제다. "유리가장"은 한 가족의 생계 문제를 도맡은 주체, "유리가족"은 가장의 영향권 안에서 빛이냐 어둠이냐는 갈래 길에 놓인 생을 건너가는 가족의 비유다. 한 장의 유리 면과 일조권을 일치시키는 발상에 그치지 않고, 이 같은 평등의 권리가 도리어 불평등을 조성하는 현실임을 말하는 이 시에서 주목할 부분은 자꾸만 "빚이 늘어나"고, "이자에 이자 꼬리 밟히지 않으려고 야근하"는 어느 가족의 막막한 현실이다.

"불 꺼진 저녁과 불 켜진 저녁이 나열"된 정황에서 집

작할 수 있는 것처럼, 아직 불이 켜지지 않은 가계들은 귀가해야 할 가족의 일원이 아직 귀가하지 못한 데 그 이유가 있다. 유리가 캄캄해진 것은 여기에 기인하며, 이 점을 "유리가족을 더 어둡게 만"드는 야근의 이유가 빚과 이자가 늘어나는 현실 때문임을 보여준다. 이 같은 현실의 기저에 "안면이 넓어질수록 빚이 늘어나는 평수들"이 있다는 시인의 전언을 되새겨 보아야 한다. 유리창이 많이 달릴수록 평수가 크다는 정보가 내포하는 진실은 평수와 빚의 비례 관계다. 때문에 그 빚을 갚기 위하여 야근을 일삼는 가장에게 집은 일과 후 쉴 만한 곳이기보다 그 효능감이 사정없이 추락하는 구조물이 되고 만다. 유리창이 많이 달렸다 하여 저절로 "조망권"이 확보되는 것이 아니라, 그 창 너머를 바라볼 당사자가 업무에 시달리느라 조망권이 필요 없어진 현실을 꼬집고 있는 것. 유리를 통하여 외부를 조망할 수 있는 권리를 빚으로 사들였으므로 조망권의 "낭비"는 곧 빚의 사건으로 이어진다.

또 다른 시 「어둠을 편들고 싶다」에서는 빛이 사라진 도시의 밤을 비판적으로 사유한다. "어둠도 갈 데가 마땅치 않"은 도시의 밤에는 "자동차 바퀴 속으로 뛰어드는 동물도 있다"는 보고서가 그것이다. "급하게 몸 하나 숨길 어둠이 없어" 속도의 바퀴 속으로 사라져 분해되는 비인간 생명체들. "어둠도 만들어서 사용하"는 도시에서는 이들을 빛으로부터 보호해 줄 "커튼" 같은 장치가 부재하다. 오로지 인간의 쓰임을 위해 생산되는 가림막에 비인간을 들일 여지는 없다. 이 가련한 동물은 빠르게 굴러가는 바퀴의 틈새도 불사하고 그늘을 찾아 숨어든다. 그렇다면 인간이 세운 문명 도시에서 쫓겨난 어둠은 어디에 있는가. 일몰 후에 "어둠이 활짝 열렸다"(「저녁의 이해」)라는 구절에서 보듯이 시적 화자만 어둠을 반기는 것은 아니다. 빛 문명이 평정한 도시의 밤은 모든 생명체가 안식할 시간도 장소도 빼앗지만, 시인은 연약한 것들에게 어둠을 되돌려 줌으로써 안식과 성장, 새로운 내일을 예비하며 꿈을 꿀 수 있는 시간을 선사한다.

이규정 시인이 추구하는 시학은 이렇듯 현대문명이 쏟아내는 빛의 세례 앞에 멈춰 선 채 이 현상을 관조할 뿐만 아니라 직시하는 냉철함으로 구성된다. 우리가 누리며 사는 모든 당연한 것들에 대한 의심과 회의를 거쳐 나왔을 그의 시언어가 이 시대에 필요한 하나의 목소리일 수 있는 것도 여기서 비롯한다. 우리의 무딘 감각을 깨우는 건 빛이기보다 어둠이라는 전언을 통하여 시인은 모든 당연한 것들에 대하여 물음표를 던져 볼 것을 권유한다.

끝으로 표제 시 「나의 카멜레온」을 읽어 보자. 현실에

각성된 시인의 냉철한 의식을 읽어 오는 동안 우리가 놓쳤을지도 모를 감정을 짚어볼 수 있다. 시인이라는 정체성이 불변하려면 역설적이게도 변화무쌍한 감정의 변화, 감각의 분기를 거쳐야만 가능하게 된다. 이 시에서 이규정 시인은 이 점을 재치 있게 풀어낸다. 만약 우리의 감정과 의식이 하나의 통일체로 되어 있었다면 애초에 인간이라 명명할 수조차 없었을 테다. 우리의 관념 위에 다른 관념이 겹치면서 감정의 색채는 다음처럼 수시로 변한다.

오늘 감정은 파란색입니다
파란색 수염을 꺼내 표정 관리를 해야 해요
한눈팔다 별안간 핑크색이 나오면
피부가 부끄러워 해요
파란 표정에 파란 주름까지 완벽해야 해요
넝쿨들이 코발트블루로 꼬리 치며 유혹될 때가 있죠
그러나 오늘 감정은 파란색입니다
색을 지켜야 무죄가 돼요

별안간 하품할 때가 있네요
순간 누군가 그 하품을 먹을 수도 있겠죠
쥐도 새도 모르게 혀를 말고 숨어 있어야 해요

혀 밑엔 천적들이 웅크리고 있으니까요

가을엔 파란 감정만 가지고는 살 수가 없죠

카멜레온 씨도 곧 갈색 수염을 길러야 해요

색깔별로 불을 켜는 것을 보면

몸에 스위치가 많은가 보네요

꼬리 쪽에 스위치가 있나 봅니다

돌돌 말려 있는 롤리팝의 그 꼬리

밀짚모자 끝에서 가을을 만든 것처럼

저녁노을을 작성하고 있네요

- 「나의 카멜레온」 부분

 롤리팝과 카멜레온의 유사성으로 부부간 '꼬리밟기' 같은 관계성을 이야기하고 있다. 놀이 같지만 놀이는 아닌 상황이 벌어지면서 색색깔 등이 점멸하는 듯한 환상을 안겨 준다. 주목할 부분은 인간의 얼굴에 떠오르는 다양한 표정이다. 이때 변하는 안색에 따라 상대에게 마음을 읽히고 마는 사정이 있다. 아내 앞에서 얼굴 "색을 지켜야 무죄가" 되는 법칙을 준수해야 한다는 화자의 의식을 지켜주지 못하는 것이 바로 살갗에 떠오르는 색과 표정이다. 여일한 낯빛을 유지해야만 "비상금"이 들키지 않지만 화자는 그 표정을 지켜낼 수 없게 되었다. 표정에 실려 나온 속내를 아내에게 들키지 않으려 하는 마음이 꼬리를 밟히지 않으려는 행동으로 이어진다. 줄곧 사물의 표면에 착안해 온 시인은 이 시에서 알록달록한 내면의 감정을 드러내기에 이른다. 얼굴은 감출 수 없는 내면을 반영하는 감정의 표상, 수시로 변하는 마음을 저장한 하나의 장소가 된다.

 이로써 이규정 시인은 표면의 시학이 단지 단단한 겉면만을 보여준다는 혐의를 벗어날 수 있게 되었다. 로댕의 조각상에서 불뚝거리는 근육을 보면서 에너지 넘치는 그 움직임을 내면의 감정과 감각으로 치환할 수 있었던 우리는 이규정의 시에서도 같은 경험을 해보았다. 시인이 사물의 표면을 건너뛰지 않는 한 그것은 시종 마음과 연결되어 있다. 마음의 문제에서 파생하는 감정과 감각의 나타남을 우리는 '표정'이라 부른다. 이규정 시인은 바로 여기에 착안한 시를 쓰면서, 감정과 감각의 복잡성이 어느 순간 하나의 표정으로 떠오르는 순간을 포착해 낸다. 이 시집에 촘촘히 새겨 넣은 다채로운 사유, 경험에 기반한 생생한 삶의 이야기, 조각가처럼 언어를 조탁하는 내공, 열정을 함부로 낭비하지 않고 관리하면서 풀어내는 조절력이 이후에도 이어지기를 고대해 본다.

상상인 시선 069

오늘 감정은 파란색입니다

지은이 이규정
초판인쇄 2025년 12월 3일 **초판발행** 2025년 12월 11일
펴낸곳 도서출판 상상인 **편집주간** 황정산 **펴낸이** 진혜진
표지디자인 최혜원 **기획·마케팅** 전은빈 최유림 노혜림 정현수
책임교정 오 늘 **편집** 세종PNP
등록번호 제572-96-00959호 **등록일자** 2019년 6월 25일
주소 06621 서울시 서초구 서초대로74길 29, 904호
전화번호 02-747-1367, 010-7371-1871
팩스 02-747-1877 **전자우편** ssaangin@hanmail.net

ISBN 979-11-7490-033-3 (03810)

값 12,000원

* 이 책은 전부 또는 일부 내용을 재사용하려면 반드시 저작권자와 도서출판 상상인의 동의를 받아야 합니다.
* 이 도서의 국립중앙도서관 출판시도서목록(CIP)은 서지정보유통지원시스템 홈페이지(http://seoji.nl.go.kr)와 국가자료공동목록시스템(http://www.nl.go.kr/kolisnet)에서 이용하실 수 있습니다.